LA GRANDE TRAVERSÉE

TEXTE DE GOSCINNY

DESSINS DE UDERZO

DARGAUD ÉDITEUR

PARIS · BARCELONE · BRUXELLES · LAUSANNE · LONDRES · MONTRÉAL · NEW YORK · STUTTGART

DANS LE MONDE : ASTÉRIX EN LANGUES ÉTRANGÈRES

AFRIQUE DU SUD
Hodder Dargaud, PO Box 548, Bergvlei, Sandtib 2012, Afrique du Sud

AMÉRIQUE HISPANOPHONE
Grijalbo-Dargaud, Aragon 385, 08013 Barcelone, Espagne

AUSTRALIE
Hodder Dargaud, Rydalmere Business Park, 10/16 South Street, Rydalmere, N.S.W. 2116, Australie

AUTRICHE
Delta Verlag, Postfach 10 12 45, 7000 Stuttgart 1, R.F.A.

BELGIQUE
Dargaud Bénélux, 3 rue Kindermans, 1050 Bruxelles, Belgique

BRÉSIL
Record Distribuidora, Rua Argentina 171, 20921 Rio de Janeiro, Brésil

CANADA
Distribution : langue française
Presse-Import, 307 Benjamin Hudon, St-Laurent, Montréal, Québec H4N 1J1, Canada
Distribution : langue anglaise
General Publishing Co. Ltd., 30 Lesmill Road, Don Mills, Ontario M38 2T6, Canada

DANEMARK
Serieforlaget AS (Groupement Gutenberghus), Vognmagergade 11, 1148 Copenhague K, Danemark

EMPIRE ROMAIN (Latin)
Delta Verlag, Postfach 10 12 45, 7000 Stuttgart 1, R.F.A.

ESPAGNE
Grijalbo-Dargaud, Aragon 385, 08013 Barcelone, Espagne

FINLANDE
Sanoma Corporation, POB 107, 00381 Helsinki, Finlande

GRÈCE
Mamouth Comix Ltd., Ippokratous 57, 106080 Athènes, Grèce

HOLLANDE
Dargaud Bénélux, 3 rue Kindermans, 1050 Bruxelles, Belgique
Distribution : Betapress, Burg. Krollaan 14, 5126 PT Jilze, Hollande

HONG KONG
Hodder Dargaud, c/o United Publishers Book Services, Stanhope House, 13th Floor, 734 King's Road, Hong Kong

HONGRIE
Egmont Pannonia, Pannonhalmi ut. 14, 1118 Budapest, Hongrie

INDONÉSIE
Pt. Sinar Harapan, Jl. Dewi Sartika 136D, Jakarta Cawang, Indonésie

ITALIE
Mondadori, Via Belvedere, 37131 Vérone, Italie

LUXEMBOURG
Imprimerie St. Paul, rue Christophe Plantin 2, Luxembourg

NORVÈGE
A/S Hjemmet (Groupement Gutenberghus), Kristian den 4des gt. 13, Oslo 1, Norvège

NOUVELLE ZELANDE
Hodder Dargaud, PO Box 3858, Auckland 1, Nouvelle Zélande

POLOGNE
Egmont Poland Ltd, ul. Juliana Falata 7, 02-534 Varsovie, Pologne

PORTUGAL
Meriberica-Liber, Av. Duque d'Avila 69, R/C esq., 1000 Lisbonne, Portugal

RÉPUBLIQUE FÉDÉRALE ALLEMANDE
Delta Verlag, Postfach 10 12 45, 7000 Stuttgart 1, R.F.A.

ROYAUME-UNI
Hodder Dargaud, Mill Road, Dunton Green, Sevenoaks, Kent TN13 2YJ, Angleterre

SUÈDE
Hemmets Journal (Groupement Gutenberghus), Fack 200 22 Malmö, Suède

SUISSE
Dargaud (Suisse) S.A., En Budron B, Le Mont sur Lausanne, Suisse

YOUGOSLAVIE
Nip Forum, Vojvode Misica 1-3, 2100 Novi Sad, Yougoslavie

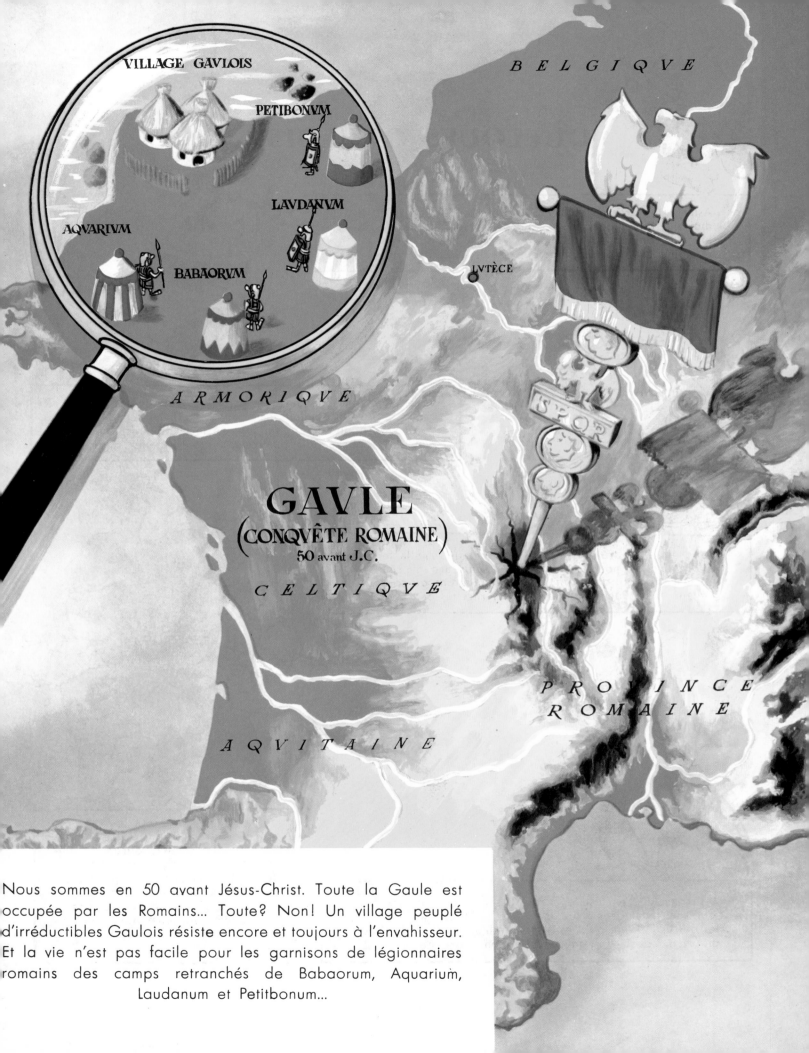

Nous sommes en 50 avant Jésus-Christ. Toute la Gaule est occupée par les Romains... Toute? Non! Un village peuplé d'irréductibles Gaulois résiste encore et toujours à l'envahisseur. Et la vie n'est pas facile pour les garnisons de légionnaires romains des camps retranchés de Babaorum, Aquarium, Laudanum et Petitbonum...

QUELQUES GAULOIS...

Astérix, le héros de ces aventures. Petit guerrier à l'esprit malin, à l'intelligence vive, toutes les missions périlleuses lui sont confiées sans hésitation. Astérix tire sa force surhumaine de la potion magique du druide Panoramix...

Obélix, est l'inséparable ami d'Astérix. Livreur de menhirs de son état, grand amateur de sangliers, Obélix est toujours prêt à tout abandonner pour suivre Astérix dans une nouvelle aventure. Pourvu qu'il y ait des sangliers et de belles bagarres.

Panoramix, le druide vénérable du village, cueille le gui et prépare des potions magiques. Sa plus grande réussite est la potion qui donne une force surhumaine au consommateur. Mais Panoramix a d'autres recettes en réserve...

Assurancetourix, c'est le barde. Les opinions sur son talent sont partagées : lui, il trouve qu'il est génial, tous les autres pensent qu'il est innommable. Mais quand il ne dit rien, c'est un gai compagnon, fort apprécié...

Abraracourcix, enfin, est le chef de la tribu. Majestueux, courageux, ombrageux, le vieux guerrier est respecté par ses hommes, craint par ses ennemis. Abraracourcix ne craint qu'une chose : c'est que le ciel lui tombe sur la tête, mais comme il le dit lui-même : « C'est pas demain la veille ! »

MAIS ABANDONNONS
CES MERS GLACÉES
SOUS LEUR MANTEAU
D'IMPÉNÉTRABLE
BROUILLARD...

①

...ET RENDONS-NOUS DANS UN PETIT VILLAGE GAULOIS INONDÉ DE SOLEIL.

CE N'EST PAS POSSIBLE!

POISSONS CRUSTACÉS CHEZ ORDRALFABETIX

NON! CE N'EST PAS POSSIBLE!

CHEZ ORDRALFABETIX

MES DEUX PORTEURS ONT MANGÉ HIER DE TES POISSONS, ET AUJOURD'HUI ILS SE TORDENT DE DOULEUR, À MOITIÉ EMPOISONNÉS! ET C'EST MOI QUI DOIS FAIRE LEUR TRAVAIL!

C'EST QUE... C'EST LA FIN DU STOCK...

J'ATTENDAIS UN ARRIVAGE, MAIS LES CHARS À BŒUFS QUI APPORTENT LE POISSON DE LUTÈCE FONT LA GRÈVE, ILS ROULENT LENTEMENT SUR LES VOIES ROMAINES POUR PROTES-TER CONTRE LE PRIX DU FOIN.

2

BLOING! BANG!

QUE C'EST AGRÉABLE QUAND ILS SE BATTENT ENTRE EUX!

OH OUI!

MAIS *IRA FUROR BREVIS EST*, COMME JE DIS TOUJOURS ALORS, NE NOUS ATTARDONS PAS!

LE DÉCURION A RAISON: LA COLÈRE EST UNE COURTE FOLIE...

BEN QUOI? DÈS QUE JE COMMENCE, ILS S'ARRÊTENT! C'EST PAS BEAU DE BOUDER!

AU FAIT, POURQUOI N'AS-TU PAS DE POISSONS FRAIS?

AH, ÇA NE VA PAS RECOMMENCER? J'AI DÉJÀ DIT QUE J'ATTENDAIS UNE LIVRAISON!

MAIS IL Y A LA MER, À DEUX PAS DU VILLAGE.

LA MER? QUEL RAPPORT ENTRE LA MER ET MES POISSONS?

IL N'Y A QU'À PÊCHER LES POISSONS DANS LA MER.

JE VENDS DU POISSON DE LUTÈCE, MOI, MÔSSIEUR! J'AI LE RESPECT DU CLIENT!

JE ME FOURNIS CHEZ LES MEILLEURS GROS-SISTES! JE NE VAIS PAS VENDRE DU POISSON SORTI DE L'EAU SANS GARANTIE DE QUALITÉ!

SI VOUS VOULEZ DU POISSON FRAIS, VOUS ATTENDREZ!

NON.

TCHRRRRRIIIIK!

?

NON, JE NE PEUX PAS ATTENDRE.

POISSONS CHEZ ORDRALFABÉTIX crus

J'AI BESOIN D'UN PEU DE POISSON RAISONNABLEMENT FRAIS POUR FAIRE MA PO-TION MAGIQUE, IL NE M'EN RESTE PRESQUE PLUS.

DONC NOTRE SÉCURITÉ EXIGE QUE QUELQU'UN AILLE À LA PÊCHE.

NOUS IRONS À LA PÊCHE!

OH OUI! N'EST-CE PAS, IDÉFIX?

JE N'ATTENDAIS PAS MOINS DE VOUS, LES ENFANTS!

MON BATEAU DE PÊCHE EST SUR LA PLAGE. JE M'EN SERVAIS QUAND J'ÉTAIS GAMIN.

VOUS DEVRIEZ ATTENDRE UNE ÉCLAIRCIE... JE N'AIME PAS L'ASPECT DU CIEL!

BAH! TANT QU'IL NE NOUS TOMBE PAS SUR LA TÊTE!

PRENDS UN PEU DE POTION MAGIQUE. ON NE SAIT JAMAIS!

EST-CE BIEN NÉCESSAIRE? NOUS N'IRONS PAS LOIN ET IL N'Y A PERSONNE DE CE CÔTÉ.

QUE BÉLÉNOS VOUS PROTÈGE!

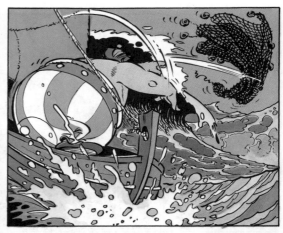

TU VOIS? NOUS NE SOMMES PAS ARRIVÉS À LA FIN DE LA MER, IL N'Y A PAS DE MONSTRES ET LA TEMPÊTE S'EST CALMÉE.

ON NE VOIT PLUS LA TERRE...

DÈS QU'IL Y AURA UN PEU DE VENT SOUFFLANT DU BON CÔTÉ, NOUS REVIENDRONS CHEZ NOUS. IL N'Y A QU'À ATTENDRE.

8A

J'AI FAIM!

PENSE À AUTRE CHOSE.

SI TU NE M'AVAIS PAS DIT DE JETER LE FILET, ON AURAIT PU PRENDRE DES POISSONS... MAIS MOI J'AIMERAIS MIEUX MANGER DU SANGLIER.

JE T'AI DIT DE PENSER À AUTRE CHOSE... PENSE À TES MENHIRS.

AVEC LA SAUCE QUE FAIT BONEMINE, JE MANGERAIS BIEN UN MENHIR... TU SAIS, LA SAUCE ?...

AAAH OUI!...TRÈS BONNE LA SAUCE...SURTOUT QUAND IL Y A DES PETITS OIGNONS ET DES LARDONS...

ASTÉRIX! J'AI FAIM!

MOI AUSSI J'AI FAIM! C'EST TOI QUI ME DONNES FAIM AVEC TES MENHIRS AUX OIGNONS!

?

GRRRRR

REGARDE!

UN BATEAU!

8B

CE SPECTACLE RÉJOUIT L'ŒIL, GARÇON !...

C'EST GENTIL À VOUS TOUS D'AVOIR PENSÉ À FÊTER MON ANNIVERSAIRE !

DONEC ERIS FELIX, MULTOS NUMERABIS AMICOS.

AU LIEU DE DIRE DES BÊTISES ALLONS SUR LE PONT CHERCHER L'ÉQUIPAGE ! ON VA SE METTRE À TABLE !

EMBA'CATION D'OIT DE''IÈ'E !

BAH ! CE N'EST QU'UNE COQUE DE NOIX. ON LAISSE TOMBER . À TABLE LES ENFANTS !

HO ''EU' ! 'E... 'E... 'EGA'DEZ ! CE SONT EUX !

ILS N'ONT PAS L'AIR DE S'ARRÊTER !

ON VA LES REJOINDRE, MAIS COMME IL N'Y A PAS ASSEZ DE VENT, IL VA FALLOIR QUE TU POUSSES.

MAIS CE SONT NOS VIEUX AMIS !

ON Y VA ? ON Y VA ?

UN INSTANT. ON VA CHANGER LE SCÉNARIO. AUJOURD'HUI C'EST MON ANNIVERSAIRE... VOUS N'ALLEZ PAS GÂCHER MON ANNIVERSAIRE, TOUT DE MÊME ? ALORS, DITES-MOI CE QUE VOUS VOULEZ ET ALLEZ VOUS-EN SANS RIEN COULER.

OH, NOUS NE CHERCHONS QU'UN PETIT QUELQUE CHOSE À MANGER !

ASTÉRIX ! REGARDE CE QUE J'AI TROUVÉ !

NOUS NE VOULONS PAS ABUSER ; NOUS VOUS LAISSONS CE SAU-CISSON, ET BON ANNIVERSAIRE.

PEU APRÈS...

♪ JOYEUX ANNIVERSAIRE, JOYEUX ANNIVERSAIRE... ♪

OH, ÇA VA ! ÇA VA !

TCHAC !-! TCHAC !

15

LES JOURS ONT PASSÉ...

VOICI TA RATION D'AUJOURD'HUI, OBÉLIX. MÂCHE BIEN.

IL RESTE ENCORE UN PEU D'EAU DE PLUIE, SI TU AS SOIF.

IDÉFIX! PETIT GOINFRE! TU AS AVALÉ D'UN COUP TA RATION!

DES SANGLIERS! DES TAS DE SANGLIERS! JE LES VOIS! JE VAIS LES CHERCHER! VIENS, IDÉFIX!

OBÉLIX! IDÉFIX! NOOOON!

PLIF!!

PLOUF!

12A

MAIS ILS SONT FOUS!

PLAF!

JE NE SAIS PAS CE QUI M'A PRIS!... J'AI VU DES SANGLIERS, ET MÊME DES ROMAINS...

RETOURNONS À BORD DE NOTRE...

...NOTRE BATEAU!!!

BAH, LAISSE-LE PARTIR... IDÉFIX ET MOI NOUS PRÉFÉRONS RESTER ICI. PEUT-ÊTRE QUE LES SANGLIERS REVIENDRONT...

EN ATTENDANT, NOUS ALLONS NOUS ACCROCHER À CETTE BRANCHE D'ARBRE.

BRANCHE D'ARBRE!?

12B

BEN OUI, IL Y A UNE BRANCHE D'ARBRE, LÀ !

S'IL Y A UNE BRANCHE D'ARBRE C'EST QUE LA TERRE N'EST PAS LOIN !

OUI REGARDE !

CHIC ! NOUS SOMMES DE RETOUR CHEZ NOUS !

TU SAIS, JE SERAI MÊME CONTENT D'ENTENDRE CHANTER NOTRE BARDE !

IL NE FAUT RIEN EXAGÉRER ...

YOUHOU ! LES COPAINS ! NOUS SOMMES LÀ !

OUAH ! OUAH !

TAIS-TOI... MÉFIONS-NOUS.

POURQUOI ? TU CROIS QU'ILS NOUS EN VOUDRONT DE NE PAS RAPPORTER DU POISSON ?

COMMENÇONS PAR MANGER QUELQUES SANGLIERS, IDÉFIX EST SUR UNE PISTE.

SNIF ! SNIF !

GLOUGLOUGLOUGLOU GLOUGLOU

!?!
...

GLOU
GLOU
GLOU
GLOU!

KAIiiii!

?

ÉTRANGE BÊTE!

ON VA VOIR QUEL GOÛT ÇA A; JE M'EN OCCUPE, TOI, ALLUME DU FEU.

HÉ, ASTÉRIX!

LE GLOUGLOU, LÀ, IL A DES TAS DE COPAINS. EN ATTENDANT DE TROUVER DES SANGLIERS, NOUS AURONS DE QUOI MANGER.

GRRR! OUAH

14A

ESPÉRONS QUE C'EST MANGEABLE.

PEU APRÈS...

C'EST MÊME TRÈS BON!

OUI, MAIS JE ME DEMANDE SI ÇA NE SERAIT PAS MEILLEUR FARCI... SCRONTCH!... AVEC DU SANGLIER, PAR EXEMPLE...

SCROTCH! SCROTCH!

GRRRRRR!

QUAND ON PARLE DU LOUP!... IL Y A SÛREMENT UN SANGLIER LÀ-BAS. JE VAIS LE CHERCHER; ON EN FARCIRA LE TROISIÈME GLOUGLOU.

SOIS PRUDENT!

AH BEN ÇA, ALORS!

?????

14B

IL N'Y A PAS D'OURS PRÈS DU VILLAGE... OÙ SOMMES-NOUS?

JE SUIS COMME TOI: JE DÉCOUVRE.

SNIF.

BON, EH BIEN ON MANGE L'OURS, ET APRÈS ON VERRA, PAR TOUTATIS!

TU N'EN VEUX PAS? IL EN RESTE ENCORE UN PEU...

NON... JE ME DEMANDE OÙ NOUS AVONS BIEN PU ABORDER...

SCROTCH!

UN PEU PLUS TARD...

BAH! REPOSONS-NOUS... ON VERRA PLUS TARD.

BONNE IDÉE!

IDÉFIX A ENCORE SENTI QUELQUE CHOSE!

CHIC! UNE AUTRE BÊTE! C'EST QUE J'AI FAIM, MOI!

GRRRRRR!

FAIM? TU VIENS DE MANGER DEUX GLOUGLOUS DONT UN FARCI AVEC UN OURS!

IL ME FAUDRA BEAUCOUP DE GLOUGLOUS ET BEAUCOUP D'OURS POUR ME FAIRE OUBLIER LA POMME DES PIRATES!

ASTÉRIX! VIENS VOIR! DES ROMAINS!

?

15

OÙ ÇA?

ICI!

SNIF!

CE NE SONT PEUT-ÊTRE PAS DES ROMAINS.

MAIS SI! C'EST LE TRUC DES ROMAINS, ÇA, DE NOUS ÉPIER DANS LA FORÊT ET D'AVOIR PEUR DE NOUS RENCONTRER.

CHERCHONS-LES; SI ON LES ATTRAPE, ILS NOUS DIRONT OÙ EST LE VILLAGE.

D'ACCORD, MAIS MARCHONS SANS FAIRE DE BRUIT; ON NE SAIT JAMAIS...

SNIF! SNIF!

YOUHOU! LES ROMAINS! OÙ ÊTES-VOUS, LES ROMAINS?

CHUT! JE T'AI DIT DE MARCHER SANS FAIRE DE BRUIT!

MAIS JE MARCHE SANS FAIRE DE BRUIT; CE N'EST PAS EN MARCHANT QUE JE FAIS DU BRUIT!

16A

TU NE COMPRENDRAS DONC JAMAIS RIEN!

AH OUI? QUI C'EST QUI M'A DIT DE JETER LE FILET?!

QU'EST-CE QUE LE FILET VIENT FAIRE DANS CETTE HISTOIRE?

SI TU NE M'AVAIS PAS DIT DE JETER LE FILET ET SI TU AVAIS SU CONDUIRE LE BATEAU, NOUS NE SERIONS PAS DANS CETTE FORÊT À CHERCHER DES IMBÉCILES DE ROMAINS!

TCHAC!

BON. EH BIEN ILS NE SONT PAS LOIN, NOS ROMAINS; ESSAYONS DE LES TROUVER.

MAIS COMMENT FAIRE?

IL N'Y A QU'À SUIVRE LA FLÈCHE DANS LA DIRECTION INVERSE DE CELLE QU'ELLE INDIQUE. C'EST LOGIQUE.

C'EST LOGIQUE, ÇA?

16B

JE VAIS T'APPRENDRE UNE RUSE DE CHASSE! TU IMITES LE CRI DU GIBIER. ÉCOUTE!

GLOUGLOUGLOU! GLOUGLOU!

GLOUGLOUGLOU

SUR L'ARBRE, LÀ-BAS!... BIEN SÛR, LES GLOUGLOUS SONT DES OISEAUX, ALORS ILS ONT DES NIDS. C'EST CE QUI DISTINGUE LES GLOU-GLOUS DES SANGLIERS.

AH OUI! JE VOIS SES PLUMES; ON VA LE CUEILLIR!

PETIT, PETIT, PETIT...

?!

SCHLONK!

C'EST UN ROMAIN DÉGUISÉ EN GLOUGLOU!... ÇA NE SE MANGE PAS, MAIS ÇA VA NOUS DIRE OÙ EST LE VILLAGE!

REGARDE, ASTÉRIX! JULES CÉSAR DÉGUISE SES LÉGIONNAIRES EN GLOUGLOUS, À PRÉSENT! ILS SONT FOUS CES...

ASTÉRIX?

VOYONS...ASTÉRIX N'ENLÈVE SON CASQUE QUE POUR MANGER ET DORMIR...

...IL NE MANGEAIT PAS PUISQU'IL ATTENDAIT MES GLOUGLOUS, ET S'IL DORMAIT, IL SERAIT ICI... DONC, IL LUI EST ARRIVÉ QUELQUE CHOSE!

?!?

PAF!

ROMAIN! OÙ EST ASTÉRIX?

ASTÉRIX SAURAIT LE FAIRE PARLER... IL FAUT DONC QUE JE TROUVE ASTÉRIX!

POF!

CHERCHE! CHERCHE IDÉFIX!

SNIFSNIF!

23

TAMTAM! TAMTAM! TAMTAM!

DES TAMBOURS! NOUS NE SOMMES PAS LOIN DU CAMP ROMAIN! BRAVO, IDÉFIX!

DRÔLE DE CAMP!

TAMTAMTAM TAM!

YOUHOU! ASTÉRIX! NOUS SOMMES LÀ!

POURQUOI ILS T'ONT ATTACHÉ, ASTÉRIX?

JE NE SAIS PAS... CE SONT DE DRÔLES DE ROMAINS, TU SAIS...

OUAH! OUAH!

DES MERCENAIRES PROBA-BLEMENT... DES NUMIDES, DES GRECS, OU DES CRÉTOIS...

HOW!

C'EST SANS DOUTE LEUR CENTURION; JE VAIS LUI PARLER.

DITES! POURQUOI VOUS AVEZ ATTACHÉ MON COPAIN? C'EST UNE COUTUME CRÉTOISE, ÇA?

???

UGH?

JE CROIS QU'IL VEUT SAVOIR QUI NOUS SOMMES.

AH OUI?

NOUS SOMMES GAULOIS ET NOUS SOMMES CHEZ NOUS! RENTREZ CHEZ VOUS SANS LAISSER DE THRACES DERRIÈRE VOUS!!!

?

IL N'A PAS COMPRIS. DÉTACHE-MOI; NOUS ALLONS LUI MIMER ÇA.

NOUS SOMMES COURAGEUX...

NOUS N'AVONS PEUR QUE D'UNE CHOSE: C'EST QUE LE CIEL NOUS TOMBE SUR LA TÊTE...

NOUS AIMONS RIGOLER!

NOUS AIMONS BIEN MANGER ET BIEN BOIRE...

NOUS SOMMES RÂLEURS...

GRRRR!

TOC!

NOUS SOMMES INDISCIPLINÉS ET BAGARREURS...

BONG! BONG!

GRROUAH! GRROUAH!

...MAIS NOUS AIMONS LES COPAINS!

BREF...

...NOUS SOMMES DES GAULOIS!

IL A COMPRIS!

JE CROIS QU'IL TE LANCE UN DÉFI

AH BON?

GLOU! GLOU!

PAF!

J'AI FINI LE MIEN.

ALORS, À MOI.

TCHAC!

PAFF!

HOHOHOHOHOHOHOHOH

PEU APRÈS...

JE CROIS QU'IL VEUT QUE NOUS RESTIONS ICI.

MAIS JE NE VEUX PAS M'ENGAGER DANS LA LÉGION ROMAINE, MOI!

BAH! ACCEPTONS. NOUS POURRONS AINSI PEUT-ÊTRE ENFIN SAVOIR OÙ NOUS SOMMES.

HOW! HOW! HOW! HOW!

UN PEU PLUS TARD...

LAISSE-TOI FAIRE, ÇA VEUT SANS DOUTE DIRE QUE NOUS SOMMES ADMIS.

SI ON M'AVAIT DIT QUE JE PORTERAIS LA TENUE DES MERCENAIRES DE CÉSAR !...

MIGNONNES, LES PETITES MATRONES! CE SONT DES THRACES QU'ON AIMERAIT SUIVRE!

JE TE SIGNALE QUE CELUI-LÀ, TU L'AS DÉJÀ FAIT.

GLOUGLOU?

OUAHOUAH.

SLAP!

SCRONTCH!

LE LENDEMAIN MATIN...

JE CROIS QU'IL NOUS INVITE À ALLER À LA CHASSE.

TANT MIEUX! COMME ÇA, JE SERAI SÛR DE NE PAS MANGER DU CHIEN CHAUD!

TU CROIS QUE NOUS DEVONS FAIRE COMME EUX?

JE LE PENSE, OUI...

TAM! TAM! TAM!

TAM! TAM!

ÇA Y EST! J'AI COMPRIS! CE SONT DES IBÈRES! LES IBÈRES ADORENT DANSER!

OLÉ! OLÉ!

CLAC! CLAC!

CHUT, OBÉLIX!

OLÉ! OLÉ! OLÉ!

HA!

? OLÉ! OLÉ!

29

J'AIMERAIS BIEN GARDER CE SOUVENIR DE NOTRE CHASSE...

D'AUTANT PLUS QUE LES IBÈRES AVAIENT L'AIR ASSEZ IMPRESSIONNÉS PAR NOTRE TECHNIQUE!

UGH!

OH, MERCI!

?

AHU!

??

GRRRR!

JE CROIS QUE C'EST SA FILLE, ET QU'IL EST CONTENT QUE TU LUI PLAISES.

HÉ?!

BONG!

? GRRRR!

DIS, ELLE ME SUIT PARTOUT, LA GROSSE IBÈRE!

UGH!

HIHIHIHIHIHI

?

27A

OLÉ!

QU'EST-CE QU'IL ME VEUT, LE CENTURION?

JE CROIS QU'IL VEUT QUE TU ÉPOUSES SA FILLE!

AH NON! AH NON! JE NE VEUX PAS ÊTRE LE GENDRE D'UN CENTURION!...

...ET PUIS JE SUIS TROP JEUNE!

JE PENSE QU'IL EST TEMPS POUR NOUS DE REPARTIR À LA RECHERCHE DE NOTRE VILLAGE... JE CRAINS QUE NOUS EN SOYONS BIEN LOIN.

PENDANT LA CHASSE, JE ME SUIS APERÇU QUE NOUS ÉTIONS DANS UNE ÎLE...IL NOUS FAUDRA UN BATEAU.

J'AI VU DES BATEAUX, PRÈS DE LA RIVIÈRE.

BIEN. CETTE NUIT, NOUS FILERONS À LA BRETONNE!

DES CRÉTOIS, DES THRACES, DES IBÈRES, DES BRETONS... IL Y A DE TOUT DANS CETTE ÎLE!

27B

CETTE NUIT-LÀ...

CRÂÂC!

IL NOUS A ENTENDUS!

ATTENDS!

GLOU! GLOU GLOU GLOU

28A

UGH!

PEU APRÈS...

BIEN, TA RUSE!

EN COURANT LES PRAIRIES, J'AI APPRIS UNE CHOSE OU DEUX, OUAIP!

JE N'AI JAMAIS VU DE BATEAU DE CE GENRE!

OUI, C'EST CURIEUX CE TROU AU FOND QUI LAISSE ENTRER L'EAU.

BLOP! BLOP! BLOP! BLOP!

!

28B

JE CROIS QUE NOUS N'AVONS PAS CHOISI LE BON BATEAU...

ON RETOURNE EN CHERCHER UN AUTRE ?

C'EST DANGEREUX... ON RISQUE DE SE FAIRE SURPRENDRE PAR TON BEAU-PAPA.

AH NON !

ALLONS VERS CETTE PETITE ÎLE

NOUS Y PASSERONS LA NUIT; DEMAIN ON VERRA...

GRØØØÅÅRR!

ASSEZ, ZØØDVINSEN !

LAISSE-LE; CE N'EST QU'UN CHIØT APRÈS TØUT !

GRØØÅÅR

PEUT-ÊTRE QUE ZØØDVINSEN A SENTI LA TERRE...

TOC! TOC! TOC!

QUELLE TERRE, KERØSEN?

JE NE CRØIS PLUS À CETTE TERRE DØNT TU NØUS PÄRLES! PERSØNNE N'Y CRØIT! IL N'Y À PÄS DE TERRE! NØUS ARRIVE-RØNS À LÄ FIN DE LÄ MER ET NØUS TØMBERØNS, PÄR THØR!

TU ES SCEPTIQUE, ÄVÄNSEN! JE SUIS SÛR, MØI, QU'IL Y À UNE TERRE! ET PEUT-ÊTRE, MÊME, UNE TERRE HÄBITÉE!

JE DÉCØUVRIRÄI CETTE TERRE, ET J'EN RÄMÈNERÄI DES INDIGÈNES CØMME PREUVE DE MÄ DÉCØUVERTE!

RENTRØNS CHEZ NØUS PENDÄNT QU'IL EN EST ENCØRE TEMPS! PÄS VRÄI NEUILLISURSEN? PÄS VRÄI MÄLSEN? PÄS VRÄI VØUS ÄUTRES?...

ØUÄIS!

GRØØ ÄÄÄRR!

TØN CÄBØT CØMMENCE À...

REGÄRDEZ! MÄIS REGÄRDEZ, PÄR ØDIN!

UN BATEAU!

ROMAIN? GOTH? ÉGYPTIEN?

QU'IMPORTE? CE BATEAU VA PEUT-ÊTRE NOUS RAME-NER CHEZ NOUS!

LES MERCENAIRES RISQUENT DE NOUS RETROUVER... ET ILS NE DOIVENT PAS ÊTRE CONTENTS DE NOTRE DÉPART... SURTOUT DU TIEN!

OUI, ON VA LEUR FAIRE DES SIGNAUX!

3/A

PEU APRÈS...

J'AI FAIT UN MONTICULE AVEC DES PIERRES... MAIS TU CROIS VRAIMENT QUE...

TU VEUX ÉPOUSER LA FILLE DU CENTURION?

AH NON! JE VEUX RESTER LIBRE!

ALORS, DANS CE CAS...

3/B

35

36

LAISSE-MOI FAIRE...

VOUS VENIR AVEC NOUS BATEAU. NOUS PAS BOBO VOUS. ÇA VA?

JE N'Y COMPRENDS RIEN.

OUI, ILS SONT AGAÇANTS AVEC LEURS / ET LEURS ° !

JE VAIS ESSAYER ENCORE: VOUS PRENDRE NOUS DANS VOTRE BATEAU?

?

?

?

?

SNIF! SNIF!

ÇA NE MARCHE PAS. JE NE DOIS PAS METTRE MES / ET MES ° AUX BONS ENDROITS.

ØUÅH! ØØUÅH!

OUAH!

OUAH?

ØUÅH!

33A

ØUÅH?

ØUAH ØUAH ØUAH!

OUAH OUAH OUAH!

ØUÅH ØUÅH ØUÅH!

HØHØHØHØ

HIHIHIHI!

JE NE SAIS PAS POURQUOI, MAIS JE LES TROUVE UN PEU VEXANTS.

33B

ESSAYONS DE FAIRE CONNAIS--SANCE. JE VAIS FAIRE LES PRÉSENTATIONS : MOI, KÉROSEN L'AVENTUREUX...

LUI, MALSEN LE DINGUE

OUÂIH OUÂIH OUÂIH !

MOI, AVANSEN YEUX MÉFIANTS.

ET MOI NEUILLISURSEN L'INTELLECTUEL. VOUS COMMENT ?

JE CROIS QU'ILS VEULENT SAVOIR QUI NOUS SOMMES.

EH BIEN, FAISONS COMME AVEC LES COLONS ROMAINS.

POC!

BONG! BONG!

ÇA VA ASTÉRIX. IL A COMPRIS.

TOC! TOC! TOC!

NEUILLISURSEN, TOI QUI ES LE SAVANT DE NOTRE EXPÉDITION ET QUI CONTERAS NOTRE SAGA... QUE PENSES-TU DE CES INDIGÈNES?

C'EST UNE RACE ASSEZ DISPARATE, SAUF POUR CE QUI EST DES NEZ, TOUTEFOIS...

ILS ONT CERTAINEMENT UN PROBLÈME EN CE QUI CONCERNE L'ALIMENTATION DE LEURS CHIENS.

UGH! HOW! OLÉ!

JE CROIS QUE C'EST TA BELLE FAMILLE QUI VIENT TE CHERCHER.

NE RESTONS PAS ICI. SI ON EMBARQUAIT DE FORCE?

LES ENFANTS, ON NE VA PAS DISCUTER PENDANT DES HEURES... SI ON LES EMBARQUAIT DE FORCE?

GLOP! GLOP!

ON FONCE!

ON POUSSE!

CRIIIII

?! ?! ?! ?! ?! ?!

PLOUF!

TERRE!

NOUS SOMMES DE RETOUR! PRÉPAREZ-VOUS À ÊTRE COUVERTS D'HONNEURS!

AH, TE VOICI ENFIN, KEROSEN! ESPÈCE DE FAINÉANT, QU'ODIN TE MAUDISSE MILLE ET MILLE FOIS!

C'EST...C'EST ØBSEN LE TERRI-FIANT, LE CHEF DE NOTRE CLAN!

BIEN SÛR QUE C'EST ØBSEN! TU CROYAIS QUE C'ÉTAIT UNE PETITE SIRÈNE?

JE TE SALUE, Ô ØBSEN, NOTRE CHEF!

ET MOI, JE NE TE SALUE PAS!

PENDANT QUE NOUS PARTIONS TOUS EN EXPÉDITION, MOSSIEU FAISAIT DU TOURISME!

NOUS AVONS PILLÉ, RASÉ, NOUS AVONS RAPPORTÉ DU BUTIN, RAMENÉ DES ESCLAVES, ET TOI...

ET MOI, J'AI DÉCOUVERT UN MONDE, UN NOUVEAU MONDE!

UN MØNDE?

UN NØUVEÂU MØNDE.

HØHØHØHØHØHØ! UN NØUVEÂU MØNDE! VØYEZ-VØUS ÇÀ!

PÂRFÂITEMENT! UNE TERRE D'ØP-PØRTUNITÉ QU'IL NE TIENDRÀ QU'À NØUS DE CØNQUERIR!

ÂS-TU DES PREUVES DE CE QUE TU RÂCØNTES?

ET JE NE TE PÂRLE PÀS DU TÉMØIGNÂGE DES TIRE-ÂU-FLÂNC QUI T'ÂCCØMPÂGNENT!

MES PREUVES, LES VØICI QUI DÉBÂRQUENT.

PÂRDON, MØNSIEUR. PEUT-ÊTRE PØURRIEZ-VØUS NØUS RENSEIGNER; NØUS CHERCHØNS UN PETIT VILLÂGE GÂULØIS, QUI...

?

QUI SØNT CES ZIGØTØS ET QUE DISENT-ILS?

CE SØNT DES HÂBI-TÂNTS DU NØUVEÂU MØNDE. LEUR LÂNGUE EST HÉLÀS INCØMPRÉHENSIBLE.

ILS N'ØNT PÀS L'ÂIR BIEN EXØTIQUE...

VØIS LEUR CHIEN CØMME IL EST DIFFÉ-RENT DES NØTRES.

DITES, ÂU SUJET DE NØTRE VILLÂGE GÂULØIS...

HMMM...

VENEZ TØUS CHEZ MØI! VØUS ÂLLEZ ME RÂCØNTER ÇÀ!

ÅLØRS, CETTE SÅGÅ, ÇÅ VIENT?

VÅS-Y NEUILLISURSEN!

HUM, HUM...

NØUS PÅRTÎMES, PLEINS D'ESPØIR ET DE CØURÅGE, PÅR UNE MÅTINÉE BRUMEUSE DE ---

ÅBRÈGE, IMBÉ-CILE, ØU JE VÅIS CØUPER DÅNS TØN RÉCIT ÅVEC ÇÅ!

DEUX MINUTES ÅPRÈS...

...JUSQU'Å CE MÅTIN, ØU NØUS ÅVØNS EU JØIE ENTENDRE DØUCE VØIX NØTRE CHEF BIEN ÅIMÉ STØP.

ETØNNÅNT! ET CES TERRES, ØNT-ELLES L'ÅIR RICHES?

VØIS CET INDIGÈNE CØMME IL Å L'ÅIR BIEN NØURRI. ET L'ÅUTRE, BIEN QUE FRÊLE, EST D'UNE FØRCE PRØDIGIEUSE!

FEMMES! GUDRUN! HÅLLGERD! HERTRUD! VIGTIS! PRÉPÅREZ SUR L'HEURE UN FESTIN! NØUS ÅLLØNS FÊTER LE RETØUR DE NØS HÉRØS ET NØTRE PRØCHÅIN DÉPÅRT VERS LE NØUVEÅU MØNDE!

NØUS ALLØNS BØIRE, RIRE MANGER ET NØUS BATTRE!

BØNG!

QUE TES INDIGÈNES S'AMUSENT AVEC NØUS! NØUS LES SACRIFIERØNS AUX DIEUX ENSUITE! ILS MÉRITENT CET HØNNEUR!

BEN PØURQUØI? ILS N'ØNT RIEN FAIT EUX!

BAH! IL FAUT SAVØIR SACRIFIER LES AUTRES.

NE BOIS PAS TROP.

BAH! AMUSONS-NOUS! CES GENS SONT BIEN SYMPATHIQUES.

MAIS VOUS ÊTES DES GAULOIS!

QUØI? VIENS ICI ESCLAVE!

OUI... JE VEUX DIRE, ØUI, MAÎTRE.

TU PEUX PARLER AVEC CES HABITANTS DU NØUVEAU MØNDE?

DU NØUVEAU MØNDE?... MAIS CE SONT DES GAULØIS COMME MOI... PARDON... CØMME MØI!

CET ESCLAVE À L'HØRRIBLE ACCENT MENT! C'EST SÛREMENT UN INDIGÈNE DU NØUVEAU MØNDE, LUI AUSSI!

NØUVEAU MØNDE? HA! TU ES ALLÉ TE PRØMENER EN GAULE, ØUI! LES P'TITES FEMMES DE LUTÈCE, ØUI!

AVØUE QUE TU MENS, ØU JE TE CØUPÉ EN DEUX!

HMM... IL Y A QUELQUE CHØSE DE PØURRI DANS MØN RØYAUME...

LÂCHE CE GAULOIS!

PAF!

GLOP! GLOP!

VENEZ VITE!

C'EST QUE CE N'EST PAS ENCORE FINI...

CE N'EST PAS TRÈS POLI DE LES QUITTER COMME ÇA...

CHUT!

ATTENDS! QUI ES-TU, ET QUE FAIS-TU ICI?

JE SUIS UN GAULOIS, COMME VOUS. JE ME NOMME PÉRIFÉRIX...

JE SUIS PÊCHEUR, ET J'AI EU LA MALCHANCE DE TOMBER SUR UNE EXPÉDITION DE VIKINGS... ILS M'ONT CAPTURÉ ET VOUS M'AVEZ SAUVÉ LA VIE!

IL FAUT FUIR PENDANT QU'ILS SONT OCCUPÉS À SE BATTRE; ILS SONT TRÈS CRUELS; ILS VEULENT VOUS SACRIFIER À LEURS DIEUX!

ILS SONT FOUS, CES VIKINGS!

TOC! TOC!

TU SAURAS REVENIR EN GAULE?

BIEN SÛR! ILS M'ONT CAPTURÉ AVEC MON BATEAU... IL EST AMARRÉ LÀ-BAS.

VOYEZ! ILS ONT MÊME LAISSÉ MON FILET DE PÊCHE!

ÉPATANT! EN COURS DE ROUTE NOUS ALLONS TE DEMANDER UN PETIT SERVICE...

MÉFIE-TOI S'IL TE DIT DE JETER TON FILET!

GROS RANCUNIER!

?

LES GAULOIS! OÙ SONT-ILS?

ILS SONT PÂRTIS AVEC L'ESCLÂVE ET SØN BÂTEÂU!

ESPÈCE DE CØQUIN! TU ÂS ESSÂYÉ DE M'Â-VØIR ÂVEC TES HISTØIRES DE NØUVEÂU MØNDE!...

MÂIS JE TE PÂRDØNNE! C'ÉTÂIT UNE BELLE BÂGÂR--RE ET NØUS ÂVØNS BIEN RIGØLÉ!

BØNG!

43A

LÂ PRØCHÂINE FØIS, NE TIRE PÂS ÂU FLÂNC! VIENS BØIRE!

SUIS-JE UN DÉCØUVREUR, ØU NE LE SUIS-JE PÂS?...

KERØSEN, TU VIENS?!

ÊTRE ØU NE PÂS ÊTRE, TELLE EST LÂ QUESTIØN...

PLUSIEURS JOURS PLUS TARD...

ILS SONT DE RETOUR! ILS SONT DE RETOUR!

43B

47

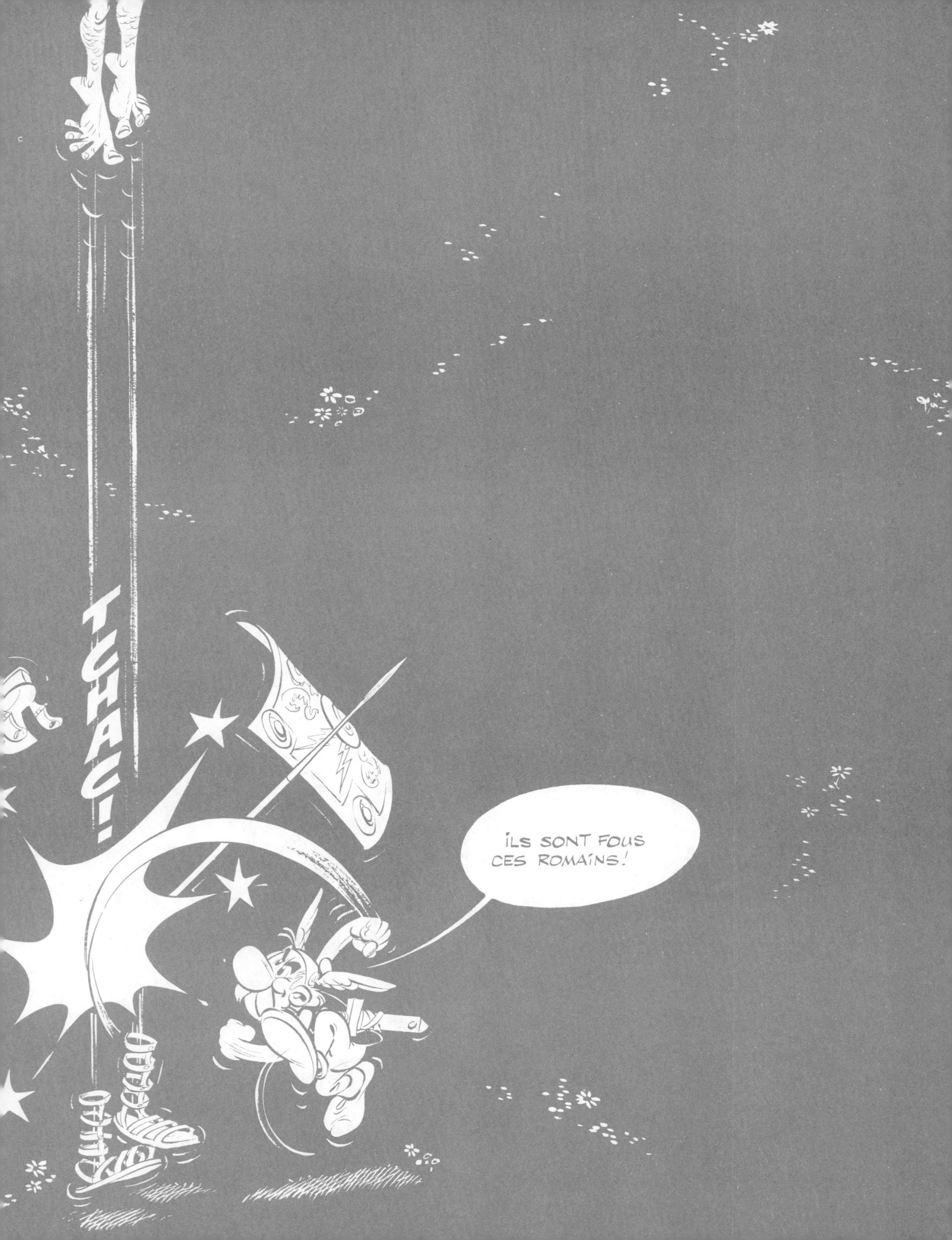
TCHAC!!
ILS SONT FOUS CES ROMAINS!